ELAILA LILIENTHAL

DIE TOCHTER MEINER TOTEN ELTERN

GEDICHTE und COLLAGEN

Bibliografische Information der Deutschen Nationalbibliothek:
Die Deutsche Nationalbibliothek verzeichnet diese Publikation in der Deutschen Nationalbibliografie; detaillierte bibliografische Daten sind im Internet über *http://dnb.d-nb.de* abrufbar.

1. Auflage

Gedichte & Illustrationen: Elaila Lilienthal
Umschlaggestaltung & Layout: Elaila Lilienthal
Lektorat: Ben Wangler, Juliane Zöllner & Julia C. Seitz
Klappentext: Marco Bolz-Maltan

Herausgeber: Artio Wortkunstverlag
Webseite: *www.artio-wortkunstverlag.de*

Druck: Books on Demand GmbH, Norderstedt

ISBN: 978-3-9818-4739-0

HALT

| 1 |

KEIN WORT
SO
ENDGÜLTIG

»Alles / was ihr bewundert / kann sich in dem bisschen Glut / eines Dreitagefiebers auflösen.« A. Boëthius

INSIDE

ibykus

die schwalben hängen schon
wie trauben in den bäumen
ich möchte worte finden für dich

ich möchte dir erzählen von
meinem angestauten schweigen
das ist eine ungeschichte

wie das war möchte ich sagen
als alles noch war
und wie das dann ist

wenn nichts mehr ist
ob das dann freiheit ist
ich möchte worte finden für dich

aber kein wort ist so endgültig
wie der anblick deiner toten eltern
im altweibersommer

und während ich dir
stattdessen dieses gedicht schreibe
ziehen über mir die schwalben

schon wie kraniche in den morgen
sie heben ihre flügel
ins nirgendwo

COMES TH
KNOWLEDGE
OF MY DEATH

was vom leben übrig bleibt*

nachdem meine eltern gestorben waren / erbten wir / ein ganzes haus // ein haus unter dessen dach / ich mal groß geworden bin // von erwartungen so übervoll

- vollgestopft /
vom keller bis zum dachboden //

in jedem baum / jedem strauch / jedem einzelnen holzspalt / in jedem seiner ziegel / und jedem stückchen rauhfasertapete // da steckte das alles / doch noch drin // unser lachen / unsere feste / das gefühl von kindheit und zukunft

- aber auf einmal /
war das alles vergangenheit //

denn meine eltern waren / plötzlich tot // und um mich herum / all ihre todlosen dinge // ihre zweimillionen kleinen dinge / um die ich mich nun kümmern musste // die ich jetzt versorgen / entsorgen musste // alles nämlich / wirklich alles / haben sie aufgehoben // jede postkarte / jedes schraubglas / jede plastikgabel // fächer voll von krummen nägeln / geraden nägeln / schrauben dübeln haken muttern // teppichmessern bleistiftstumpen kupferdrähten schleifpapier

- wieviel davon braucht der mensch /
am ende / wieviel ist genug //

↓

*rei nach G. Cremer: Die Dinge meiner Eltern (Theaterstück), 2014ff.

↓

später habe ich buchstäblich / jeden einzelnen dieser gegenstände / und jedes stückchen papier / in der hand gehabt und verzeichnet // auch jedes ihrer kleidungsstücke / herrje / ich grub meinen kopf in ihre schränke // denn dort konnte ich sie immernoch riechen / ganz lebendig und unverwechselbar –

meine entfernte mutter /
und meinen fernen vater //

in jedem dieser dinge habe ich / freilich noch nach ihnen gesucht // nach denen die / jetzt nicht mehr da waren // aber die vorhänge / atmeten nicht mehr / durch die fenster fiel kein licht // der küchentisch hatte / seine unterhaltung eingestellt / das besteck war verstummt // die teppiche lagen ermattet / und der ofen sang keine lieder mehr –

auch alle bücher im regal /
hatten ihre geschichte für mich verloren //

irgendwann hatte ich es geschafft / mich geschafft // zwei aufgelöste leben / und der versuch damit weiterzuleben // und ich kann heute nicht mal mehr sagen / wie ich all diese strapazen / all diese strapazen / überhaupt ausgehalten habe // oder wie es mal war / jung und unbeschwert zu sein // keine ahnung / selbst das habe ich wohl / seinerzeit verschenkt // oder verkauft oder verstaut / oder einfach mit weggeworfen –

denn wirklich nichts von dem /
was bleibt entspricht den toten ///

entwurzelte zeit

WIR VERFLUCHEN DIE ZEIT

ich dachte ich falle ins bodenlose
nachdem ihr gegangen seid

und ich dachte ich müsste nun auch zugrunde gehen
aber wie durch ein wunder überlebte ich doch

und ist das nicht vielleicht schon ein gedicht?
ist damit nicht schon alles gesagt?

und überhaupt: wo ist denn jetzt
zu hause mama?

ich habe doch so einen durst nach
vergangenheit und altem kirschbaum aber

seitdem ihr weg seid bin ich enwurzelt
und ich hoffe jeden tag dass das irgendwann endet

UND DOCH: WIR WARTEN

5 jahreszeiten (zyklus vom abschied nehmen)

schmeiße meine kippe in den rinnstein
und verschicke noch zwei drei sms
bevor ich wieder dahin gehe
wo die toten seelen wohnen
- zum teufel mit dem scheiß schnee

stehe nun hier mit all meinen fragen
und rufe euch münder stumm zu gericht
aber durch all eure knospen
geht nur ein ratloser wind
- trüge er doch wenigstens frühling

schaue heute nur den schafen gegenüber
beim grasen zu bevor ich wieder gehe werfe ich
ihnen noch eine handvoll grün von euren gräbern
zum fraß vor einst schien hier auch für mich mal
die sonne aber seitdem ich euch verloren habe
- misstraue ich einfach jedem strahl

dass ihr nun wirklich nicht mehr da seid glaube ich
erst langsam dabei wünschte ich immernoch so
ihr wärt wieder hier aber vielleicht eines tages welkt ihr
dann nicht mehr in all den blüten die ich euch
jedes mal mitbringe macht euch bloß keine sorgen
- denn schließlich lebe ich ja noch

ach winter immer wieder winter gib doch endlich auf
die zeit geht zwar vorbei aber für mich hat sie nichts übrig
meine wunden heilen nicht und dieser scheiß schnee
hat euch dieses jahr sogar nochmal neu begraben
dieses verfluchte eiskalte knirschende weiß
- ist wirklich mein ganzer hass

im fieber (monolog)

die stille kann furchtbar wie blindheit sein
wenn so die antwort auf alle fragen klingt
dabei spreche ich eigentlich deutliche worte
die doch nur wieder ins leere gehen und
euer schweigen entleert genauso mein herz

aber ich schätze ich werde wohl
keine einzige silbe mehr von euch hören
und ich werde euch auch niemals fragen können
was mit euch eigentlich passiert ist oder
was ich jetzt verdammt nochmal tun soll
nicht einmal mehr anrufen werde ich können
auch all meine nachrichten an euch
bleiben sicher für immer ungelesen

und ich kann mir kaum vorstellen dass
irgendwann der tag mal kommen könnte
an dem ich wenn das telefon klingelt
oder wenn ich auf mein handy schaue
nicht mehr auf irgendeine antwort
von euch gewartet haben werde

... oder habt ihr grade was gesagt?

totes meer

wie und warum
bleibt mir wohl ewig ein rätsel
und trotzdem frage ich mich arm

drehe den fall täglich durch den gehirnwolf
bis meine augen wieder überquellen
von all dem aufgebürdeten unglück

und ich kann die leeren antworten
und das sich stets anschließende schweigen
dann einfach nur vergehen lassen

durch blicke aufs meer
oder anderes
oder gar nichts

falsche identität

ich sehe mich blind in den abgenutzten gesichtern auf der straße
und höre mich taub an all ihren geschichten

dabei trage ich doch selbst eine mordsmäßige story in mir
die mich fast den verstand gekostet hat

aber ich verberge meine augen vor neugierigen blicken
genauso wie ich meine geschichte verberge

denn das sind sowieso alles dinge von denen man
eigentlich niemandem erzählen will

von wem aber ist dann überhaupt die rede wenn
irgendwo von mir die rede ist?

| II |

FENSTER INS ZURÜCK

»Sieben Billionen Jahre vor meiner Geburt / war ich eine Schwertlilie. / Meine Wurzeln / saugten sich / in einen Stern. / Auf seinem dunklen Wasser / schwamm / meine blaue Riesenblüte.« A. Holz

erstes zimmer

noch kein eigenes bett und kein tisch
nur ein dach und ein zimmer
und ein fenster zum garten
immerhin

dort küsste ich den wind und der regen
trommelte noch wie wild in meiner brust
meine zukunft atmete ich bis dahin
durch jede pore

damals ging es ja tatsächlich noch
um alle meiner möglichkeiten
so war das irgendwann mal
in jungen jahren

und erst jetzt da meine
möglichkeiten täglich schwinden
wird die sehnsucht nach einem anderen
anfang immer größer

nach tausend jahren sitze ich heute
auf kalten tischen betten mich umringen
zahllose dächer zimmer überall eingeschlossen
von fenstern ins zurück

suhl (grau)

ich habe den geruch von weichspüler schon immer geliebt
noch heute erinnert er mich an
das graue postsozialistische suhl
ich habe nie rausgefunden warum

meine einzige erinnerung an eine suhler warenwelt ist
wie ich mit fünf jahren mal eine vergessene mark fand
in den ersten warenkörben der ersten supermärkte ich
wusste als kind ja noch nichts von glasnost und perestroika

und hatte kaum vom mauerfall gehört
da wurde ich plötzlich überschwemmt von
buntplastik fruchtgummi und immer neuen
englischen oden dazu stets der schiefe gesang der schwester

Bodenlos
wie du
auch suchst

öhlengleichnis (stadt, land, gift)

ach weißt du ich hatte mein außerweltliches leben damals
ja eigentlich nur wegen der anderen beendet
und bin freiwillig hinab in ihre höhle gestiegen

bis dahin hatte ich nämlich fast wortlos an ihnen vorbeigelebt
war in einer kultur des schauspiels zu ruhig gewesen
und im einfachen leben dort war ich zu komplex

eines tages packte mich trotzdem ein unbändiger erfahrungshunger
und ein sich selbst auskotzendes bedürfnis nach zugehörigkeit
der gedanke vielleicht einfach mitmachen zu können

die vielversprechende vision eines einfachen lebens
ich habe dann also auch angefangen mich lückenhaft zu machen
und mich an meiner hohlen neuen freiheit zu betrinken

schließlich finden alle anderen im alkohol doch auch
irgendwelche antworten dachte ich damals genau wie sie
wollte ich lernen selbst nur noch die schatten zu sehen

ich wollte mit phrasen nur so um mich werfen endlich
auch mal punkte hinter meine gedanken setzen und im rausch
wurden daraus manchmal sogar ausrufezeichen

drei oder vier dutzend fläschchen später war ich schon mittendrin
feierte mit den anderen die finale niederlage meines geistes
und prostituierte meine erlebnisse später ebenfalls im netz

↓

↓

schon bald haben alle tatsächlich nur noch meine schatten gesehen
aber niemand hat mehr verstanden wer sie geworfen hat genau diese
maßlose gaukelei habe ich dann doch nicht mehr ausgehalten

und außerdem war mir die ganze zeit über vom billigen rotwein
schon schlecht und so bin ich dann eines morgens ohne kommentar
und noch halb besoffen einfach wieder nach hause gegangen

also bist du am ende doch an deiner eigenheit gescheitert
wirst du jetzt bestimmt gleich total zynisch sagen
ja gott sei dank sagst du aber nur bevor du noch einen letzten

zug nimmst und mich zurück auf die nächtlichen straßen ziehst wo
unter jedem pflasterstein eine noch unentdeckte idee auf uns wartet
ich hoffe bloß wir werden nicht wieder von ihr erschlagen

brothaft (erster frost)

du ich hab gehört
eine frau und ein brot
wohnen sich nebenan kalt

und ihre schmalen lippen sollen
uns allen irgendein geheimnis lachen
man sagt ihr lief niemals echte liebe zu

warum springst du nicht mal vor ihren himmel
und frisst drüben eine ihrer dunklen wolken
aber frag bitte erst bevor du da reinbeißt

und morgen isst du dann ihr ganzes herz
und fragst nach dem essen noch
mit vollem munde schmeckt's

ach mein geliebter
was guckst du denn so
das war doch alles nur'n witz

wie bitte was sagst du da
diese frau sei ich selbst das ist ja jetzt
wohl bloß ein schlechter scherz

aber wann lachst du nun dass
alle himmel ein einziger
schmerz würden

mir wird kalt

om unstern bedroht

ich habe den kopf in deine dunklen wasser getaucht
als ich doch eigentlich mit beiden beinen fest auf dem boden stand

so sah ich den himmel bald nur noch taumeln ganz und gar sonnenlos
wenn ich doch nur einen deiner sterne hätte fangen können

ich wäre dafür mit einem blauen gesicht in den schlaf gefallen
so töricht war ich damals völlig unvorstellbar heute

also fuck off und kauf dir ein herz
du scheiß narzisst

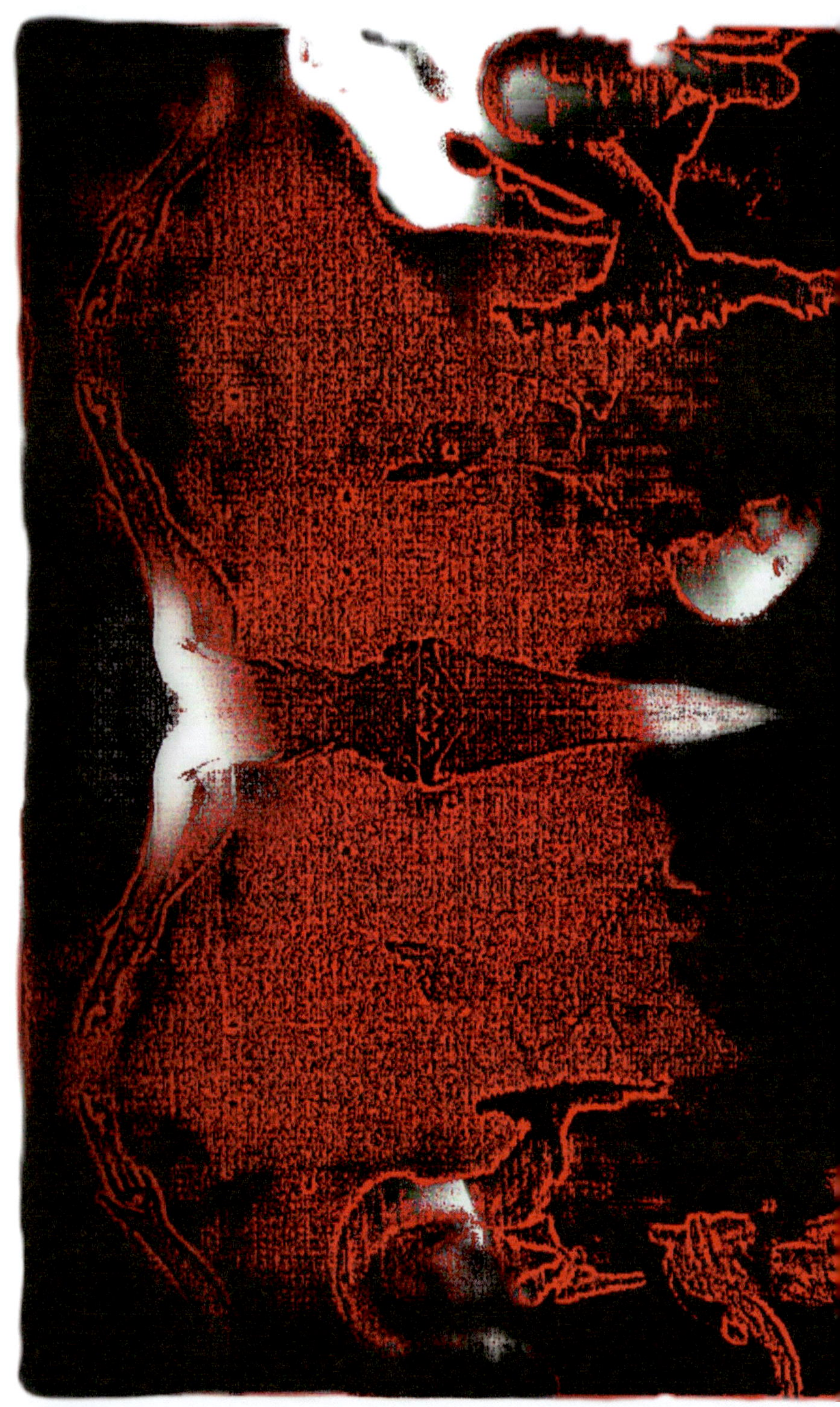

A&Ω (platonische ballade)

| für s. |

seitdem du verschwunden bist
ist meine seele so kalt und weiß
geworden wie der letzte schnee
der uns zu deiner beerdigung
auf die häupter geweint hat

später als ich nochmal allein vor
deinem grab stand wollte ich
mich einfach darauf legen um dir
irgendwie nochmal nahe zu scin
und ich habe es dann nur wegen der
vielen frischen blumen nicht getan

in den nächten darauf warst du
mir noch lange hyperpräsent
immer wieder erschien mir
dein schneegesicht in der wintersonne
und du rauntest mir zu ich solle
doch aufhören mich leer zu fragen

dabei quelle ich über vor all jenen
die nur du beantworten kannst aber du
bist ja abgetaucht in die wortlosigkeit
und dein einmaliger blick auf die welt
wurde für immer mit dir begraben

ich bin mir trotzdem sicher
dass du verstehst was ich zu dir spreche
denn genau dort sind wir uns
nämlich schon vor langer zeit begegnet

↓

als wir fast noch blutjung waren
habe ich dich mal ganz beiläufig gefragt
ob es dich eigentlich glücklich machen würde
wenn wir irgendwann den rest unseres
noch jungen lebens zusammen verbrächten
du hast geantwortet *du würdest es baby*
aber wir haben es nie ausprobiert

du nanntest mich trotzdem weiter *baby*
und ich dich manchmal *honeybunny*
denn wir dachten ja immer wir hätten noch
alle zeit doch am ende hattest du plötzlich
viel zu wenig davon nur einmal bist du
nie bei mir angekommen dreihundert anrufe
auf die seit dieser nacht tote leitung

und die leute werden sich jetzt vielleicht
denken das ist doch alles nur ein märchen
ABER ES IST KEIN MÄRCHEN denn genau
das war unsere geschichte
und wir hätten wahrscheinlich
gar nicht anders gekonnt

FEAR

im kokon (soldatenherz)

die reine blüte meiner jugend
war wohl nur ein frühjahrsgeschenk
heute trage ich die angst
der ganzen welt zwischen meinen schläfen
tagesscheu und nachtaktiv
vergrabe ich mich in meiner sorgendecke

wenn dann nachts die zeit
wieder über ihre ufer tritt verwechsle
ich die dunkle flut um mich herum
nur allzu oft mit dem blinden sturm
des soldatenherzes in meinem inneren

so sitze ich auch heute wieder
und schaue mit trüben augen raus in die nacht
schließlich fällt mir nichts besseres ein
als eine nach der anderen zittrig durchzuziehen

inzwischen ist an der dachrinne gegenüber
schon eine ganze stadt aus glas entstanden
und auf der nächtlichen reise ans ende meines
verstandes finde ich darin wenigstens für ein paar
augenblicke ein wohlbehütetes leben

als unten aber plötzlich ein motor angelassen wird
pocht mir das herz sofort wieder
bis zur kehle und der kampf beginnt von neuem
dabei will ich doch eigentlich nichts
als schlafen einfach schlafen aber die ruhe ist
heute nacht so scheint es nur ein traum

| III |

TAUSENDFACH AUSSERHALB

»Ich träumte / das Leben sei ein Traum / und wachte auf davon. / Da war das Leben / gar kein Traum / und da schlief ich / nie wieder ein.«

G. Wallraff

REALIT

krieg & frieden

wie eine verrückte kämpfe ich
tagelang ums leben
aber nicht um mein eigenes

danach falle ich in einen tiefen
zeitvergessenen schlaf doch selbst
in meiner traumwelt finde ich keine ruhe

darin verliere ich mich
in einem escherschen treppenhaus
im verlassenen gutshof meiner kindheit

friere ein standbild meiner jubelnden mutter
in der abenddämmerung ein und führe dann
eine ganze armee an meinen zierlichen fingern

erlebe schließlich deren elenden krieg am boden
vor dem ich später mit tausenden fliehe
frieden war für mich noch nie selbstverständlich

als ich anderntags irgendwann wieder aufwache
frage ich mich ganz unvermeidlich
ob ich meinen inneren wohl jemals finden werde

währenddessen zieht draußen der hochsommer
immernoch teilnahmslos an meinem fenster vorbei
und in der sengenden hitze frisieren

die nachbarjungs wieder ihre dreckskarren
und irgendwo in der ferne bellt sich ein hund
gewiss seine ganze seele aus dem leib

gebrochenes rot (traum von der finsternis)

manchmal träumt man einfach dinge
die hält man überhaupt nicht aus
so zum beispiel letzte nacht
da habe ich sie wieder sehen müssen

ich sah seine stirn und die leeren augen
dabei trug er nur hose und ewiges hemd
so hing er einfach lichtblind

nebenan schlief sie im roten morgenmantel
blutkalt auf einem meer aus pfingstrosen
und leuchtete mir überweiß zu

und mit feigen bleistiftworten stand
auf dem einzigen zettel an der pinnwand
mädchen, nun rette dich doch! geschrieben

da hörte ich mich plötzlich brüllen
so wartet doch, verlasst mich nicht!
gebt mir noch ein bisschen zeit!

just in diesem moment starb mit euch
draußen das gesamte firmament
und damit starb auch das kind in mir

tags darauf trage ich
weder hass noch tränen
aber ich finde auch keinen frieden

wie soll man nach so einer nacht auch
ein helles gesicht ohne schatten sein
woher sein lächeln nehmen

intermundia (traum vom hades)

ein paar tage später
steckt ihr im traum
vor jedem hinterkopf

so geht ihr hundertfach vor mir her
legionen von müttern und vätern
mit traurig hängenden köpfen

und ich wache auf und frage mich
wo geht ihr denn bloß alle hin
warum schaut ihr nicht auf
und vor allem warum dreht ihr euch
nicht noch ein einziges mal zu mir um

erst viel später begreife ich
vielleicht wusstet ihr es ja selbst nicht
vielleicht wart ihr ja auch gar nicht traurig
sondern habt einfach nur geschaut
wo eure füße euch jetzt hintragen

NO ASYL
NO HOPE

interim (traum von meiner eigenen hinrichtung)

noch drei tage haben sie gesagt / drei verdammte tage // sie haben es mir ins ohr geflüstert / und sind gegangen / mit einem siegerlächeln

– verdammt nochmal /
wo bin ich hier eigentlich //

3 die gedanken brechen sich / seither unaufhaltsame bahnen // jeder tag ist ein kleines leben // so kostbar erscheinen mir / meine augen für diesen / dass ich kaum dadurch zu blicken wage // heute ist jedenfalls ein dunkler tag / die wolken ziehen vorbei / oder ein sturm / der mich wegtragen könnte / kündigt sich an // dieser unablässige wind / nach dem ich mich verzehre / durchweht alle räume // werfen möchte ich mich in dieses gefühl

– aber ich liege hier irgendwo /
tausendfach außerhalb der zeit //

2 was wäre bloß / wenn ich anders geworden wäre // nicht so wie jetzt / eine widerstands-existenz // dieses mitmachen / jenes nachbeten / sonst was denken // die propaganda einer lüge glauben / und durch naivität töten // ich lebte ein einfaches leben / als einfacher mörder // noch stunden schaue ich / so ins ungewisse / und das ungewisse selbst / schaut direkt in mich // meine vergangenheit herrscht / anscheinend über die verbleibende zeit // und unbarmherzigkeit beherrscht / offensichtlich deren geist

– ich werde heute wohl /
nicht mehr in den garten dürfen //

↓

⇣

1 aller eindruck muss eine illusion sein / eine story die mir irgendein dichter schreibt // ein verbotenes leben / sein spiegelbild / und die parodie gleich dazu // aber bald schon werde ich / nicht mehr dessen leib sein / nicht mehr arm oder bein / oder rumpf oder kopf // ich werde allem anschein nach / aufhören zu existieren // und plötzlich schreit mein dichter / *aber nein!* / *so dreh dich doch um!*

– doch da ist nichts /
nicht mal mehr eine tür in der wand //

0 am nächsten morgen treiben sie / mich raus in die menge // aber als ich auf die straße komme / scheint jemand auch die sprache / schon totgeschlagen zu haben // nur ein flüstern liegt noch / über der bereits langsam verblassenden stadt // auf einmal finde ich mich / wieder mit dem gesicht auf dem boden // da höre ich / auch schon den abzug // jetzt bloß nicht sentimental werden // hier geht es sowieso nicht darum / wie die toten ums leben kommen // es geht allein um die schützen // man zählt am abend seinen patronengürtel ab / und kennt seine grausame bilanz // eine einzige kugel also // mehr sind meine gedanken / hier nicht mehr wert // ich spüre noch den kalten schauer im nacken

– und dann wache ich auf ///

MENSCH
ZU SEIN!

blaue stunde

kein licht mehr im zimmer
oder etwa doch

nur schatten eines federviehs
an jeder wand

dort verkürze ich mich selbst
in den abend hinein

so verschwindet dann der tag
als wäre nichts gewiss

ob man am ende überhaupt wer ist
keinen blassen schimmer

| IV |

ALS
ZÄHLTE
ALLES NICHTS

»Die Zeit entstellt / alle Lebewesen.«
J. Ringelnatz

täglich 3 mikromort

rauchte man täglich 1,4 zigaretten
und tränke einen halben liter wein
- mit einer engelslust

und führe man dann noch
370 kilometer mit dem auto
- als zählte alles nichts

mit welcher wahrscheinlichkeit würde
man wohl eines tages sterben?
- mit aller

stünde man jedoch einfach still
und atmete kaum noch
müsste man dann trotzdem sterben?
- wahrscheinlich schon

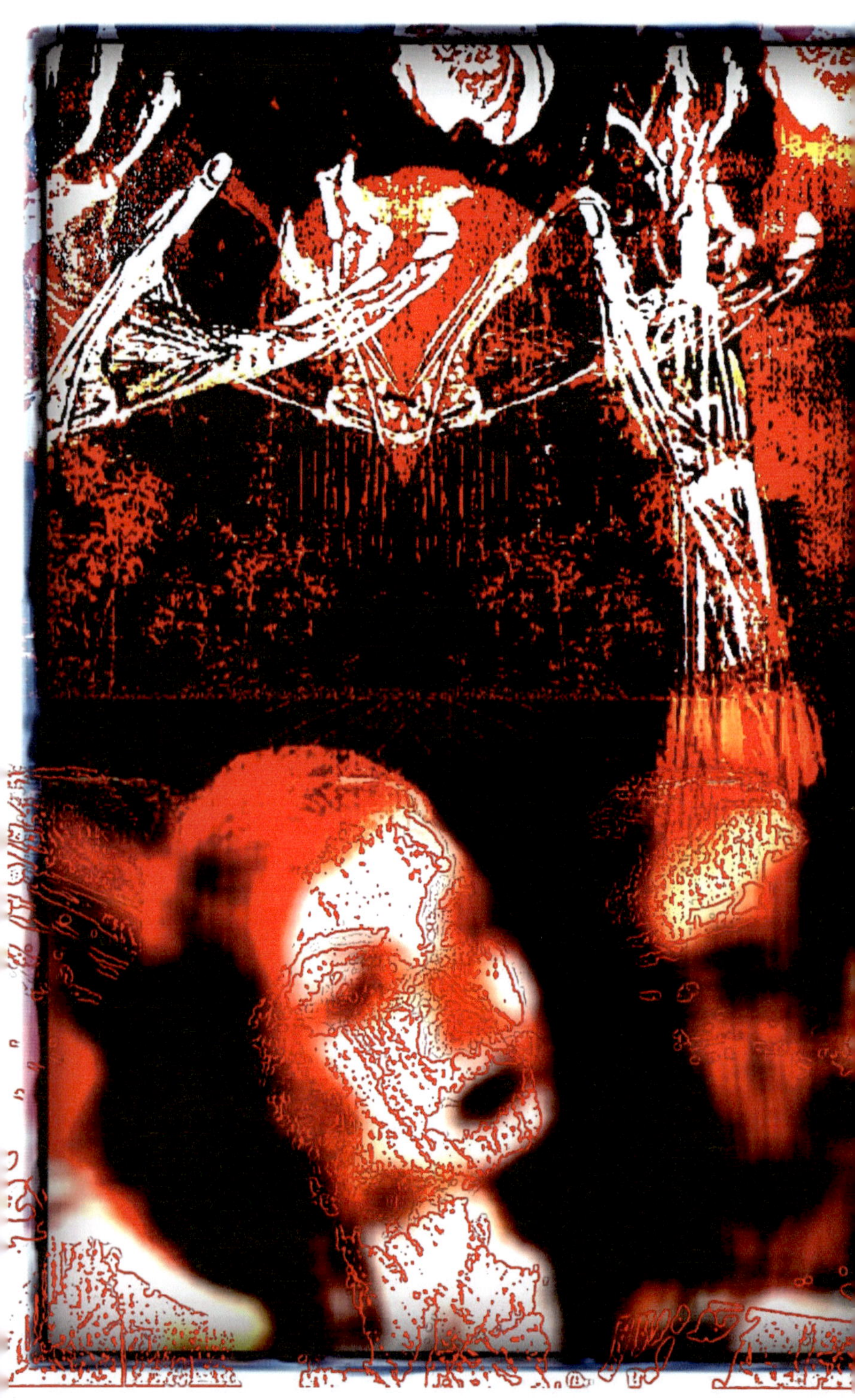

hässliche parabel*

von den möglichkeiten die wir haben
sehen das ziel nur wenige

die es erreichen sind viele
aber eben andere

---

*Frei nach H. Müller: »*Von ihnen, die den Weg angetreten, sehn / Das Ziel nur wenige. Die es erreichen / Sind viele, aber andere.*«

beim zähneputzen (oh freud)

– sieh doch mal da draußen
dort gibt es viel zu viele möglichkeiten
um einfach irgendeine zu ergreifen

welcher ist für deinen einzig möglichen
weg bloß der richtige
nun sag schon

– du ich hab echt keine ahnung
ich glaub einfacher wäre es
gar keinen weg mehr zu kennen

aber grade sind mir eh
alle möglichen antworten über
überhaupt will ich keine mehr geben

– ja hey
dann lasst uns doch jetzt einfach
gleich lieber feierabend für heute machen

server: DNS: 45.
server: DNS
bkup:
triggers
triggers fo
systemd

#closed (abgesang aufs netz)

die fünfhundertmilliardenusercloud
schneller als meine gedanken
bewegt sich sekündlich ihr widerhall
stellen sich etwa all die anderen leichtfertig
in diesen gigantischen datensturm

und füllen ihre leeren schädel gegenseitig
mit ihrem gehirnbetäubenden shice
gieren alle nach irgendwelchen likes
und wähnen sie sich am ende
dann auch noch quotengeliebt

warum ich immernoch davor fliehe
ja weil es unsere seelen auffrisst
sowieso bin ich zu klug für eure
einsame inszenierung auf facebook

da bleibe ich doch lieber die letzte
unbewaffnete außenbastion der
zivilisation einst geliebt *abgeliebt*
und von den selbsternannten vögeln
tausendfach wortarm zersungen

denn ich will das alles wirklich
überhaupt nicht mehr hören
deshalb habe ich grade einfach
mal den stecker rausgezogen

damit bin ich von nun an endlich
allein auf der analogen welt
und schreibe diese zeilen nur für mich selbst
mit einem richtigen stift auf echtes papier

und ihr könnt euch ja gar nicht vorstellen
wie ruhig das auf einmal hier ist all alone
auf diesem flächigen haptischen weiß
und all eure schwachsinnigen

#comments are closed

zwielicht

immernoch kein licht
hier im zimmer

oder doch

auge schau da ist
schon ein schimmer

| V |

DANN EIN TROPFEN PURPURROT

»Nun schreite herab, titanischer Bursche / ... Und umgürte / Mit zartlichten Blüten das träumende Haupt. / Entzünde den bangenden Himmel mit lodernder Fackel / Daß die erblassenden Sterne tanzend ertönen / Und die fliegenden Schleier der Nacht / Aufflammend vergehen / ... Daß an ihr ein ewig Rätselvolles / In hoher Schönheit sich wieder künftig erneuert.«

G. Trakl

wer ich bin

wer ich bin hast du mich doch tatsächlich
noch an unserem ersten abend gefragt

eigentlich bin ich grade nichts habe ich dir
vielleicht viel zu spontan geantwortet

als die tochter meiner toten eltern
drei gebrochene herzen

dann hast du mich geküsst
gottweißwarum

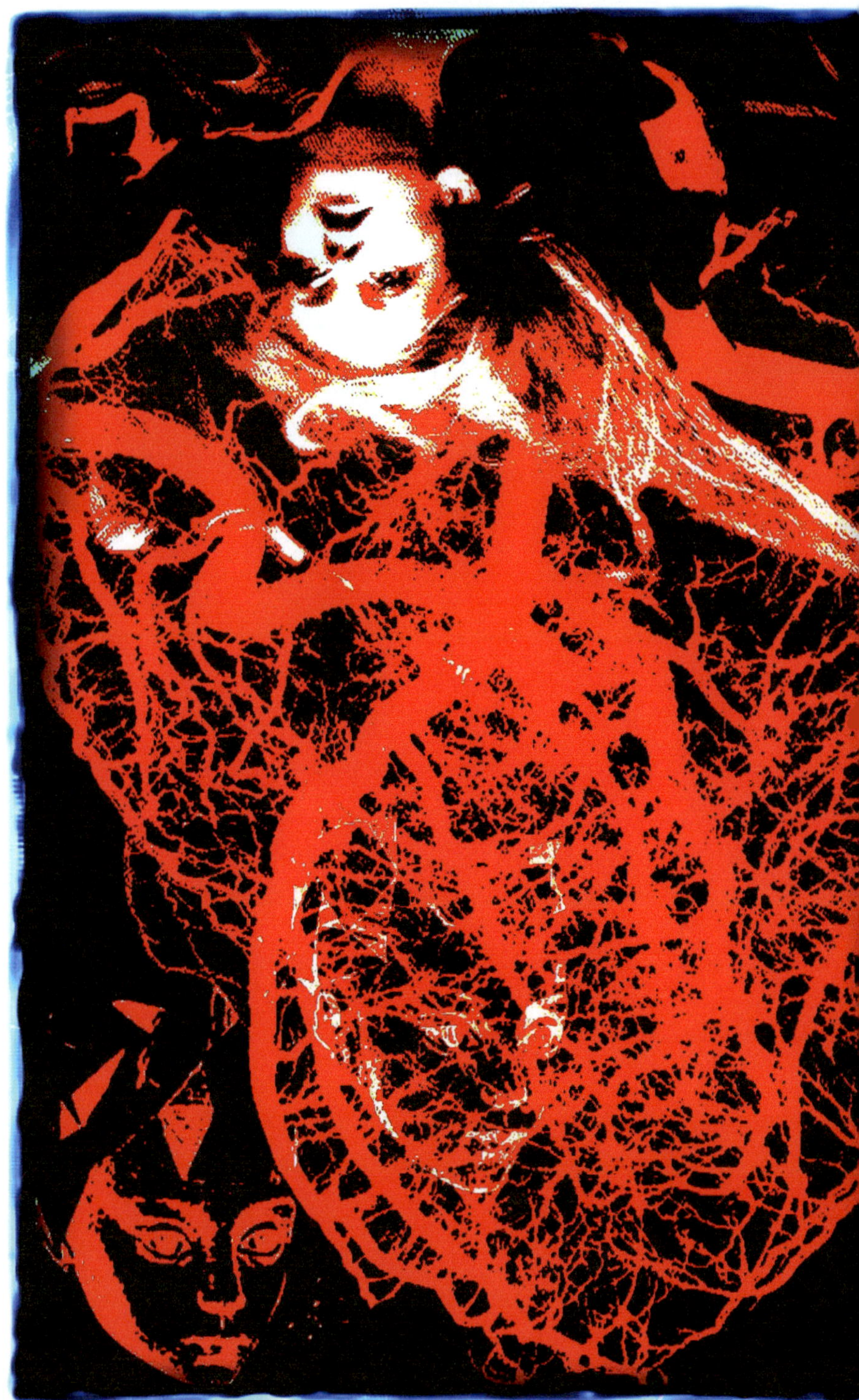

kurznachricht (offenbarung)

heute habe ich
in den himmel geschaut
und gedacht

omg eine wolkenqualle
ich wünschte so sehr
du wärst mit dabei gewesen

i really think it could be
even you and i und ich glaube
ich könnte das lieben

fängt gleich an zu nie-
p dolce
Kind.
pp
Sternlein stehen...
Mäßig.
al - le Welt?
Gott der
let, daß
an der gan - zen gro-ßen Zahl,
an der gan - zen gro-ßen Zahl!
mf

kleiner hymnus

9 stunden
trennen meinen gesang
vom echo des liedes

seht
was für ein mensch
eine traumgeburt

was ist da ein ozean
ich ginge für dich
über die wolken hinweg

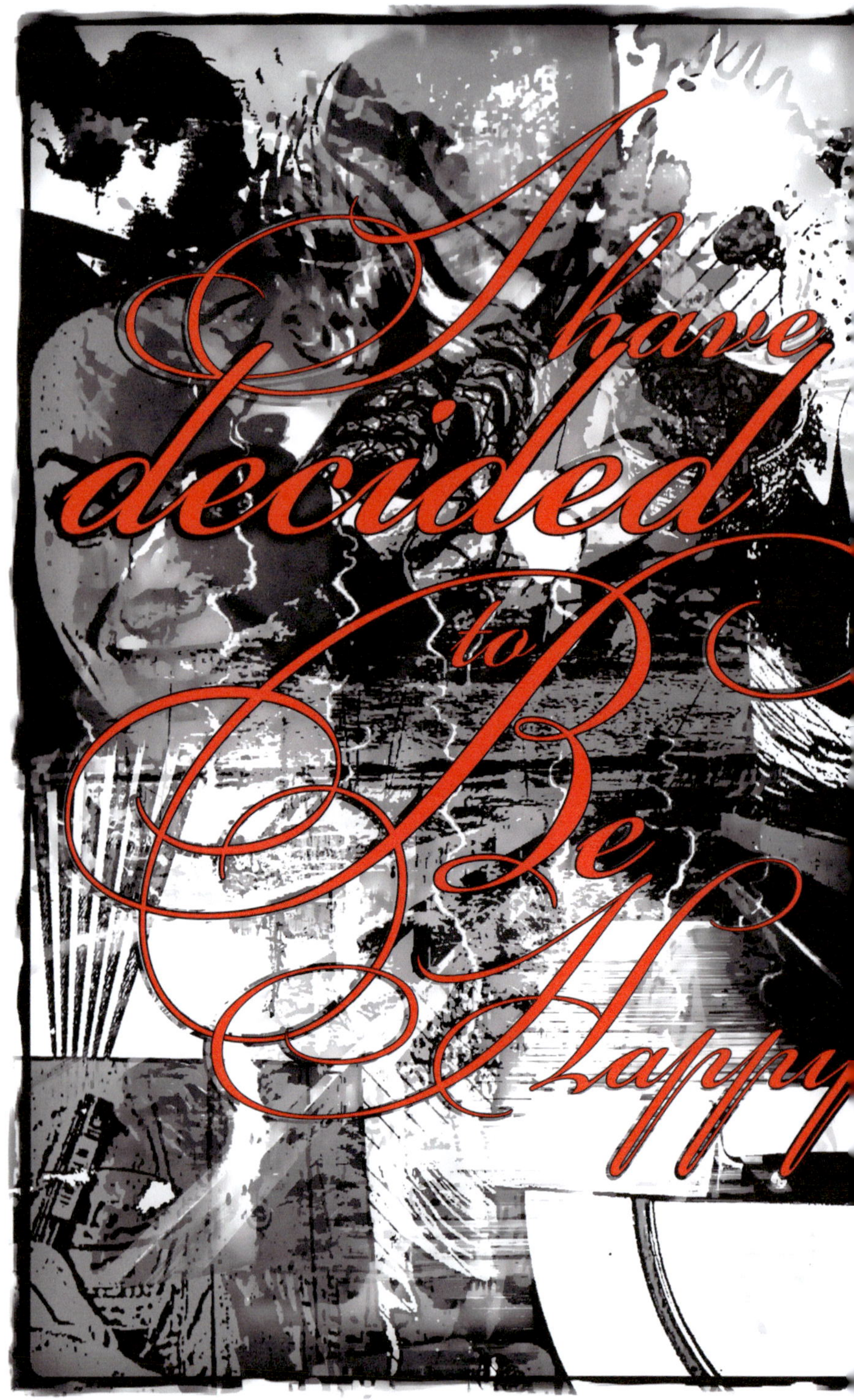
I have
decided
to
Be
Happy

wie du bist

bist wie ein tropfen purpurrot
- und bist meine frühlingsblüte

bist mir decke wie auch licht
- und bist meine sonnenkrone

legst meine narben in deine arme
- und schützt sie vor der ganzen welt

legst dein volles herz in meine brust
- und trägst meines nun schon jahrelang

bist mein schönstes augenpaar
- und für immer in meine lider gezeichnet

am ende der zeit (lysis)

| für g. |

wie schaffst du das nur haben die anderen mich immer gefragt
und ich habe dann jedes mal geantwortet ich glaube einfach
mit der hoffnung auf eine bessere zukunft

dass ich aufgehört habe darauf zu warten seitdem du da bist
habe ich erst letzte nacht noch halb im schlaf festgestellt
als du plötzlich wie wild auf meiner brust geatmet hast

als ich dich dann aufgeweckt habe und du mich kurz angeschaut hast
hast du direkt in mein herz geblickt und das deine ergoss sich
gänzlich in meine noch schlaftrunkenen augen

ich konnte dir nicht sagen was mir das alles bedeutet aber ich
konnte dich von da an sanft in den blütenmeeren wiegen
die ich dir seither jede nacht erträume